BEI GRIN MACHT SICH IHR WISSEN BEZAHLT

- Wir veröffentlichen Ihre Hausarbeit, Bachelor- und Masterarbeit

- Ihr eigenes eBook und Buch - weltweit in allen wichtigen Shops

- Verdienen Sie an jedem Verkauf

Jetzt bei www.GRIN.com hochladen und kostenlos publizieren

Bibliografische Information der Deutschen Nationalbibliothek:

Die Deutsche Bibliothek verzeichnet diese Publikation in der Deutschen Nationalbibliografie; detaillierte bibliografische Daten sind im Internet über http://dnb.d-nb.de/ abrufbar.

Dieses Werk sowie alle darin enthaltenen einzelnen Beiträge und Abbildungen sind urheberrechtlich geschützt. Jede Verwertung, die nicht ausdrücklich vom Urheberrechtsschutz zugelassen ist, bedarf der vorherigen Zustimmung des Verlages. Das gilt insbesondere für Vervielfältigungen, Bearbeitungen, Übersetzungen, Mikroverfilmungen, Auswertungen durch Datenbanken und für die Einspeicherung und Verarbeitung in elektronische Systeme. Alle Rechte, auch die des auszugsweisen Nachdrucks, der fotomechanischen Wiedergabe (einschließlich Mikrokopie) sowie der Auswertung durch Datenbanken oder ähnliche Einrichtungen, vorbehalten.

Impressum:

Copyright © 2014 GRIN Verlag
Druck und Bindung: Books on Demand GmbH, Norderstedt Germany
ISBN: 9783668680326

Dieses Buch bei GRIN:

https://www.grin.com/document/419282

Martin Schrömges

Die unterschiedliche Darstellung des Konsuls Gaius Flaminius bei Livius und Polybios

Wie folgt Livius dem Stil der römischen Geschichtsschreibung, wie stellt Polybios den Flaminius dar?

GRIN Verlag

GRIN - Your knowledge has value

Der GRIN Verlag publiziert seit 1998 wissenschaftliche Arbeiten von Studenten, Hochschullehrern und anderen Akademikern als eBook und gedrucktes Buch. Die Verlagswebsite www.grin.com ist die ideale Plattform zur Veröffentlichung von Hausarbeiten, Abschlussarbeiten, wissenschaftlichen Aufsätzen, Dissertationen und Fachbüchern.

Besuchen Sie uns im Internet:

http://www.grin.com/

http://www.facebook.com/grincom

http://www.twitter.com/grin_com

~ Inhalt ~

I. Einleitung 2
II. Hauptteil 3
   1. Übersetzung Liv. 22,3,4–8: 3
   2. Analyse und Interpretation 4
III. Schluss 8
IV. Literaturverzeichnis 9
   1. Editionen, Kommentare, Übersetzungen 9
   2. Sekundärliteratur 9

I. Einleitung

Titus Livius' Geschichtswerk *ab urbe condita* ist eines der zentralen historiographischen Zeugnisse aus der Antike, welches uns heute zumindest zum Teil erhalten ist. Obwohl Livius in seinem Leben keinerlei politische Ämter ausgeübt hat, ist sein Werk der senatorischen Geschichtsschreibung zuzuschreiben. Er glorifiziert die Zeit des Augustus und damit die *pax Augusta* nach den Bürgerkriegen.[1]

In der dritten Dekade des Werkes beschreibt er die Zeit des zweiten punischen Krieges. Zu dem historischen Kontext der ausgewählten Textstelle 22,3,4–8 ist zu sagen, dass Hannibal bereits über die Alpen gezogen ist, in einem Scharmützel am Ticinus und in der Schlacht an der Trebia siegreich auf die Römer getroffen ist und nun ein weiterer Sieg auf italischem Boden über die Römer am Trasimenischen See bevorsteht.[2] Die Schlacht hat im Jahre 217 v.Chr. stattgefunden, die genaue Datumszuweisung ist aus heutiger Sicht jedoch schwer festzulegen, da die antiken Quellen in dieser Frage stark voneinander abweichen. In jedem Fall wurde sie zwischen Mai und Juni ausgetragen.[3]

Eine Quelle des Livius bei der Darstellung der Ereignisse ist der griechische Historiograph Polybios, der in seinem Werk *Historíai* die Gründe für die römische Weltherrschaft darstellte. Im Gegensatz zu diesem versteht man heutzutage Livius eher als Schriftsteller bzw. tragischen Geschichtsschreiber denn als Historiker.[4] „Die polybianischen Forderungen (kritisches Dokumentenstudium, Autopsie der Schauplätze, eigene politische Erfahrung) erfüllt er […] nicht"[5], sondern er versucht ein künstlerisch in sich geschlossenes Bild zu erzeugen. Hauptziel des Polybios ist in Anlehnung an Thukydides die Darstellung der Wahrheit und er lehnt jegliche Verfälschung durch persönliche Meinungen und Intentionen des Autors ab.[6] Generell ist die römische Geschichtsschreibung patriotisch, also weder unparteiisch noch empirisch. Oft überlagert das literarisch Wahrscheinliche das historisch Wahre.[7] Polybios ist kurz nach dem zweiten punischen Krieg geboren worden[8], während sich Livius, der

---

[1] Vgl. VON ALBRECHT (2012) 703.
[2] Vgl. ZIMMERMANN (2005) 118–121.
[3] Vgl. SEIBERT (1993) 220f.
[4] Vgl. VON ALBRECHT (2012) 707.
[5] VON ALBRECHT (2012) 706f.
[6] Vgl. Dreyer (2011) 69f.
[7] Vgl. VON ALBRECHT (2012) 305.
[8] Vgl. DREYER (2011) 7f.

Mitte des ersten Jahrhunderts vor Christus geboren wurde[9], wegen der zeitlichen Distanz hauptsächlich auf Sekundärquellen stützt.[10] Hauptquelle beider ist Fabius Pictor, der nicht nur als der erste Annalist in Rom gilt, sondern auch selbst die Schlacht am Trasimenischen See miterlebt hat und Senator aus angesehener Familie war.[11]

Interessant zu beobachten ist somit die unterschiedliche Darstellung des Konsuls Gaius Flaminius bei Livius und Polybios sowie die verschiedenartige Auslegung der Quellen. Wie folgt Livius dem Stil der römischen Geschichtsschreibung, wie stellt Polybios den Flaminius dar?

II. HAUPTTEIL

1. ÜBERSETZUNG LIV. 22,3,4–8:

Der Konsul war übermütig vom[12] früheren Konsulat und achtete weder Volks- und Senatsbeschlüsse[13], noch achtete er auch[14] die Götter genug. Das Glück hatte diese Unbesonnenheit, die in dessen Geist gelegt war, durch glücklichen Erfolg in Bürger- und Kriegsangelegenheiten genährt. Deshalb war es offenkundig genug, dass er weder Götter noch Menschen um Rat fragte und übermütig alles sehr hastig machen wollte. Auch damit er zu seinen Fehlern geneigter wäre, war der Punier im Begriff ihn zu hetzen und zu reizen, und auf der linken Seite ging er an Faesulae vorüber, wobei der Feind zurückgelassen wurde, brach auf, um im mittleren Gebiet Etruriens Raubzüge anzustellen, und er zeigte dem Konsul in der Ferne durch Blutbäder und Brände, zu welch sehr großer Verwüstung er imstande war. Flaminius, der nicht einmal, wenn der Feind sich ruhig verhalten hätte[15], selbst ruhig geblieben wäre, glaubte dann aber, nachdem er sah, dass die Sache der Verbündeten fast vor seinen Augen ausgeführt und gemacht wurde, dass es seine eigene Schande sei, dass der Punier schon durch das mittlere Italien umherstreifte und ohne irgendeinen Widerstand zu den Mauern Roms selbst gehe, um sie zu bestürmen, während alle übrigen im Kriegsrat mehr Heilsames als Ansehnliches rieten.

---

[9] Vgl. VON ALBRECHT (2012) 702.
[10] Vgl. VON ALBRECHT (2012) 705.
[11] Vgl. ebd. 315f.
[12] Vgl. ThLL VI 1, 568,51 s.v. ferox.
[13] Vgl. Vgl. WEISSENBORN (1965) z. St.
[14] Vgl. OLD 1279,6b s.v. ne (*ne quidem* im Sinne von *ne...quoque*).
[15] Vgl. OLD 1710,4b s.v. quiesco.

2. ANALYSE UND INTERPRETATION

Die Darstellung des Flaminius wird für Livius schwierig gewesen sein, da der Konsul der Repräsentant Roms war und ihm Charakterzüge wie *scientia rei militaris, virtus und auctoritas* nicht abzusprechen waren. Andererseits konnte auch der *populus Romanus* als eigentlicher Held der *ab urbe condita libri* nicht für die Niederlagen verantwortlich gemacht werden.[16] Somit ist Livius gezwungen, einzelne Personen (wie an der zu behandelnden Stelle den Konsul Flaminius) herauszugreifen und deren Schuld auf vielfältige Weise darzulegen.

So beginnt er in der vorliegenden Passage die Darstellung des Flaminius mit dem Vorwurf, dass dieser durch sein voriges Konsulat *ferox* sei und weder die Beschlüsse des Senats bzw. der Volksversammlung, noch die Götter ausreichend ehre (Liv. 22,3,4). Gegen die Gesetze und Senatoren richtete er sich, als er im Jahre 223 während seines ersten Konsulats gegen den Willen des Senats, aber mit Zustimmung des Volkes einen Triumphzug durchführte (Liv. 21,63,2).[17] Ebenso soll er als einziger Senator der *lex Claudia* zugestimmt haben, die den Senatoren wirtschaftlichen Zugang zum Seehandel untersagte (Liv. 21,63,3f.).[18] Livius wirft dem Flaminius somit gleich auf zwei entscheidenden Ebenen, nämlich der politischen und der religiösen, charakterliche Defizite vor, die sich für einen Konsul nicht gehören. Von der *virtus* aus Liv. 22,6,2 ist hier noch nichts zu erkennen.[19] Livius steht mit dieser negativen Darstellung des popularen Flaminius nicht alleine. Fabius Pictor, der als erster römischer Annalist eine seiner Hauptquellen ist, war Senator und begründete die senatorische Geschichtsschreibung.[20] Somit war er dem Flaminius gegenüber, der sich sein Leben lang im Streit mit dem Senat befand, negativ eingestellt. Livius, der nie ein politisches Amt ausübte, wurde nicht „aus parteipolitischen Gründen, sondern aus seiner national-ethischen Deutung der historischen Ereignisse dazu veranlasst"[21]. Gegen die Götter wendete sich Flaminius, als er sein zweites Konsulatsamt nicht wie üblich in Rom, sondern in Ariminum antrat. In diesem Zusammenhang entsprang das schon verletzte Opfertier noch einmal (Liv. 21,63,13f.).[22]

---

[16] Vgl. WILL (1983) 173–182.
[17] Vgl. ELVERS (1998) 540 s.v. Flaminius (1): F. C.
[18] Vgl. ebd.
[19] Vgl. BRUCKMANN (1936) 307.
[20] Vgl. VON ALBRECHT (2012) 315f.
[21] BRUCKMANN (1936) 306.
[22] Vgl. MÜNZER (1909) 2499 s.v. C. Flaminius.

Diesen religiösen Aspekt lässt Polybios völlig aus, da er für solche Sachen wohl keinen Sinn hatte.[23] Er sieht sich in der Rolle des aufgeklärten Hellenisten, der der Religion, in diesem Falle speziell der römischen Religion lediglich die hohe Bedeutung beimisst, dass sie eine sittlich fundierte Gesellschaftsordnung sichere.[24] Generell stellt er in seiner ersten Beschreibung den Flaminius nicht so explizit dar, sondern begnügt sich mit der Beschreibung, „dass Flaminius [...] ein vollendeter Demagoge sei und sich vorzüglich auf die Kunst verstehe, dem Volk zu schmeicheln"[25] (Polyb. 3, 80, 3). Die vorigen Erfolge *civilibus bellicisque rebus* (Liv. 22,3,4) des Flaminius schiebt Livius dann der *fortuna* zu, sodass ihm eine völlig passive Rolle zufällt. Hierbei geht Livius nicht weiter auf diese Erfolge ein. Die *lex*, welche die Verteilung des *ager Gallicus* anordnet, entstand auf Initiative des Flaminius, außerdem ordnete er den Bau der *via Flaminia* und des *circus Flaminius* an. Als kriegerischer Erfolg wird der Sieg über die Isubrer im Jahre 223 v.Chr. genannt.[26]

Durch das Hyperbaton von *insitam ingenio eius temeritatem* (Liv. 22,3,4) wird der Begriff der angeborenen Unbesonnenheit stark betont, der auch bei Polybios auftritt, als er die Eigenschaften eines guten Feldherren aufzählt, die er dem Hannibal zuschreibt und diese den Eigenschaften gegenüberstellt, die auf Flaminius zutreffen: „Unbesonnenheit aber, Verwegenheit und blinde Leidenschaft, eitle Ruhmsucht und Aufgeblasenheit geben den Feinden ein leichtes Spiel und gefährden die Freunde, denn dadurch ist man jedem listigen Anschlag, jedem Hinterhalt, jeder Täuschung ausgesetzt." (Polyb. 3, 81, 9). Man sieht, dass Polybios seine Angriffe nicht direkt auf Flaminius richtet, sondern allgemein die Charaktere von guten und schlechten Feldherren beschreibt. Dennoch lässt sich bei Livius hier eine Übereinstimmung mit Polybios erkennen, da προπέτεια das griechische Äquivalent von *temeritas* ist[27]. Allerdings begründet sich diese Konvergenz wohl damit, dass beide Autoren sich auf dieselbe Quelle, in diesem Falle Fabius Pictor oder Silen, beziehen. Direkten Bezug aber nimmt Livius auf Polybios wohl erst ab dem Ende der dritten Dekade und anschließend

---

[23] Vgl. ebd. 2500.
[24] LESKY (1971) 870.
[25] DREXLER (1961) 276 (die folgenden Übersetzungen aus Polybios beziehen sich auf diese Übersetzung von Hans Drexler).
[26] Vgl. WEISSENBORN (1965) z. St.
[27] Vgl. TLG VII 1812 s.v. προπέτεια.

in der vierten und fünften.[28] Somit wird derselbe Charaktertypus gezeichnet. Livius greift direkt in Liv. 22,3,5 die Wildheit und Sturheit gegenüber den Menschen und Göttern auf, sodass dem Leser durch die Kumulation der negativen Eigenschaften sogleich die Gefahr ins Auge fällt, die von diesem Feldherrn ausgeht.[29]

Während Polybios über Hannibals Vorhaben, den gegnerischen Feldherrn in seinem Charakter zu studieren und so dessen Fehler zu erkennen, schreibt, dass dies „alles sehr kluge und verständige Überlegungen" (Polyb. 3, 80, 5) seien und er somit den Anführer der Karthager als guten und vorbildlichen Strategen und Feldherren lobt, schreibt Livius relativ nüchtern, dass *agitare eum atque inritare Poenus parat* (Liv. 22,3,5). Dadurch lässt er einerseits die Fähigkeiten des Hannibal verblassen[30], da er zuvor schrieb, dass es *satis apparebat* (Liv. 22,3,5), andererseits verdeutlicht er die Berechenbarkeit des Flaminius. Auch in weiteren Darstellungen ist Livius sehr zurückhaltend mit Lob auf den Feind und mindert dessen Leistungen.[31] Polybios hingegen zeigt durch seine Anerkennung Hannibals, dass er keineswegs im Sinne irgendeines politischen Lagers schreibt, sondern dass er auch hier die Geschichte als *magistra vitae* wahrnimmt, welche die Erkenntnis zur „Meisterung politischer Situationen" liefern soll.[32]

Nachdem in Liv. 22,3,5 der Konsul noch einmal als *ferox* und *praeproperus* charakterisiert wird, greift Livius diese Übereile in Liv. 22,3,7 wieder auf: *ne quieto quidem hoste ipse quieturus erat*. Interessant ist hier das Polyptoton von *quiesco*, das hier den Kontrast zwischen Feind und Reaktion des Flaminius aufzeigt und die Irrationalität des Konsuls betont. Darauf wird diese Annahme durch das folgende *tum vero* auf die Wirklichkeit weitergeführt.[33] An dieser Stelle erkennt man Livius' Hang zur dramatischen und anschaulichen Erzählung, die er häufiger an den Tag legt.[34] Die Wiederholung der Vorwürfe an Flaminius hat Livius wohl von dem römischen Historiographen Coelius Antipater übernommen.[35] Polybios hingegen beschreibt nur die Erregung des Flaminius und lässt somit Spekulationen außen vor: „da war Flaminius sogleich außer sich und

---

[28] Vgl. TRÄNKLE (1977) 193.
[29] Vgl. BRUCKMANN (1936) 301.
[30] Vgl. BURCK (1962) 79.
[31] Vgl. BRUCKMANN (1936) 309.
[32] LESKY (1971) 868.
[33] Vgl. WEISSENBORN (1965) 10.
[34] Vgl. VON ALBRECHT (2012) 707.
[35] Vgl. BURCK (1962) 80.

voller Wut, dass der Feind ihm solche Geringschätzung entgegenbringe" (Polyb. 3, 80, 2). In der Folge schreibt Livius, dass Flaminius es als persönliche Schande empfinde, dass die Karthager plündernd durch Italien zögen (Liv. 22,3,7). Obwohl sowohl Polybios als auch Livius in der Beschreibung des Flaminius auf Fabius Pictor fußen, unterscheiden sich beide Darstellungen an dieser Stelle in einem wichtigen Punkt. Während Polybios nach dem Vorbild des Fabius Pictor einen Konsul zeichnet, der in seinem Handeln alleine auf persönliche Reputation bedacht ist[36], mildert Livius diese Darstellung ab, indem er Flaminius als Römer darstellt, für den die Verteidigung der Bundesgenossen und des italischen Bodens Pflicht ist. Da Livius Fehler von Einzelpersonen herausstellt, um den *populus Romanus* von jeglicher Schwäche und Schuld zu befreien, wird zwar einerseits der jeweils Verantwortliche an den Pranger gestellt und eine vielfältige Palette an Schuldvorwürfen aufgezeigt, jedoch geschieht dies nur, wenn es zur Erklärung der Niederlage unbedingt notwendig erscheint.[37] Am Ende wird Flaminius sogar als tapferer Feldherr gerühmt, da er trotz der ausweglosen Lage der Schlacht am Trasimenischen See noch kämpft und schlussendlich sein Leben lässt (Liv. 22,6,4).

---

[36] Vgl. Polyb. 3,80,4; dazu DREXLER (1961) 275: „"…so überlegte er [Flaminius], daß dieser, wenn er selbst an dessen Lager vorbeizöge und ins das vor ihm liegende Gebiet einrückte, einerseits aus Angst vor dem Spott der Massen die Verheerung des Landes nicht ruhig werde mit ansehen können, anderseits aus Wut hierüber ihm ohne weiteres überallhin folgen und sich ihm stellen werde, um nur ja selbst den Sieg zu erringen und nicht erst die Ankunft seines Kollegen abwarten zu müssen."

[37] Vgl. WILL (1983) 179f.

III. SCHLUSS

Wie sich in der Analyse und im Vergleich zwischen Polybios und Livius in ihrer jeweiligen Darstellung des Flaminius herausgestellt hat, ist Polybios zwar rationaler, wenn er beispielsweise lediglich von einer Erregung des Konsuls schreibt, die der Entscheidung zur Verfolgung der karthagischen Truppen vorausging. Zudem stellt er ihn ausnahmslos negativ dar, so beispielsweise, dass ihm die eigene Reputation als möglicher Retter Roms sehr wichtig war und ihn blind vor den möglichen Gefahren eines Angriffes machte. Außerdem lobt er Hannibal, sodass klar wird, dass Polybios bemüht ist, nicht im Sinne einer politischen Richtung zu schreiben, sondern dass er die Geschichte als *magistra vitae* versteht.

Livius hingegen erwähnt mehr Einzelheiten des Charakters und gibt so ein differenzierteres Bild des Konsuls, in dem sein Charakter aus seinem ersten Konsulat begründet wird und in dem auch positive Seiten an Flaminius zu erkennen sind. Der negative Gesamteindruck behält jedoch die Oberhand, da die *ferocitas*, *temeritas* und *impietas* stärker hervorgehoben werden. Auch stilistisch stellt Livius manche Mutmaßungen an, die sich aus der *temeritas* des Flaminius ergeben, wie *ne quieto quidem hoste ipse quieturus erat* (Liv. 22,3,7). Gleichzeitig wird durch die Betonung der Fehler die Leistung des Hannibal geschmälert.

IV. LITERATURVERZEICHNIS

1. EDITIONEN, KOMMENTARE, ÜBERSETZUNGEN

CONVAY/WALTERS (1950) — T. Livi ab urbe condita ediderunt Robert Seymour CONWAY et Charles Flamstead WALTERS, Oxonii 1950.

DREXLER (1961) — Polybios, Geschichte, übertragen von Hans DREXLER, Bd. 1, Zürich 1961.

WEISSENBORN (^{6}1965) — Titi Livi ab urbe condita libri, erklärt von Wilhelm WEISSENBORN, überarbeitet von Hermann Johannes MÜLLER, Bd. 6,1 Zürich – Berlin ^{6}1965.

FEIX (1974) — Livius, Römische Geschichte, lateinisch–deutsch ed. Josef FEIX, München 1974.

2. SEKUNDÄRLITERATUR

BURCK (^{2}1962) — BURCK, Erich: Einführung in die dritte Dekade des Livius, Heidelberg ^{2}1962.

BRUCKMANN (1936) — BRUCKMANN, Heinz: Die römischen Niederlagen im Geschichtswerk des Livius, in: Wege zu Livius hrsg. v. Erich Burck, Darmstadt 1967.

DREYER (2011) — DREYER, Doris: Polybios, Leben und Werk im Banne Roms, Hildesheim 2011.

ELVERS (1998) — ELVERS, Karl-Ludwig: DNP 4 (1998) 540f. s.v. Flaminius (1): F., C.

LESKY (^{3}1971) — LESKY, Albin: Geschichte der griechischen Literatur, Bern–München, ^{3}1971.

MÜNZER (1909) — MÜNZER, Friedrich: RE VI 2 (1909) 2496–2502 s.v. Flaminius (2): C. Flaminius.

SEIBERT (1993) — SEIBERT, Jakob: Forschungen zu Hannibal, Darmstadt 1993.

TRÄNKLE (1977) — TRÄNKLE, Hermann: Livius und Polybios, Basel 1977.

VON ALBRECHT (^{3}2012) — ALBRECHT, Michael von: Geschichte der römischen Literatur: von Andronicus bis Boethius; Bd. 1, Berlin–Boston ^{3}2012.

WILL (1983) — WILL, Wolfgang: *Imperatores victi*. Zum Bild besiegter römischer Consuln bei Livius, Historia 32,2 (1983).

ZIMMERMANN (2005) — ZIMMERMANN, Klaus: Rom und Karthago, Darmstadt, 2005.

BEI GRIN MACHT SICH IHR WISSEN BEZAHLT

- Wir veröffentlichen Ihre Hausarbeit, Bachelor- und Masterarbeit

- Ihr eigenes eBook und Buch - weltweit in allen wichtigen Shops

- Verdienen Sie an jedem Verkauf

Jetzt bei www.GRIN.com hochladen und kostenlos publizieren